minutos de inteligência

RELACIONAMENTOS SAUDÁVEIS

Esta é uma publicação Principis, selo exclusivo da Ciranda Cultural

Título: Minutos de inteligência: Relacionamentos saudáveis

Texto: © *Augusto Cury*
Diretor Comercial e Editorial: Juliano Fontoura
Gerente de Projetos: Elizângela Guerreiro
Revisão: Mônica Glasser
Diagramação: Manoela Dourado
Capa: Renné Ramos

Dados Internacionais de Catalogação na Publicação (CIP) de acordo com ISBD

C982m
Cury, Augusto
Minutos de inteligência: Relacionamentos saudáveis / Augusto Cury. - Jandira, SP : Principis, 2024.
64 p. ; 15,50cm x 22,60cm. - (Minutos de inteligência)

ISBN: 978-65-5097-153-3

1. Autoajuda. 2. Brasil. 3. Reflexão. 4. Filhos. 5. Pensamentos. 6. Autodesenvolvimento. 7. Família. I. Título. II. Série. III. Série.

CDD 158.1
2024-1823 CDU 159.92

Elaborado por Lucio Feitosa - CRB-8/8803

Índices para catálogo sistemático:
1. Autoajuda : 158.1
2. Autoajuda : 159.92

1ª edição em 2024
www.cirandacultural.com.br

DreamSellers Editora

DREAMSELLERS EDITORA
www.dreamsellers.com.br
editora@dreamsellers.com.br

AUGUSTO CURY

O PSIQUIATRA MAIS LIDO DO MUNDO

minutos de inteligência

RELACIONAMENTOS SAUDÁVEIS

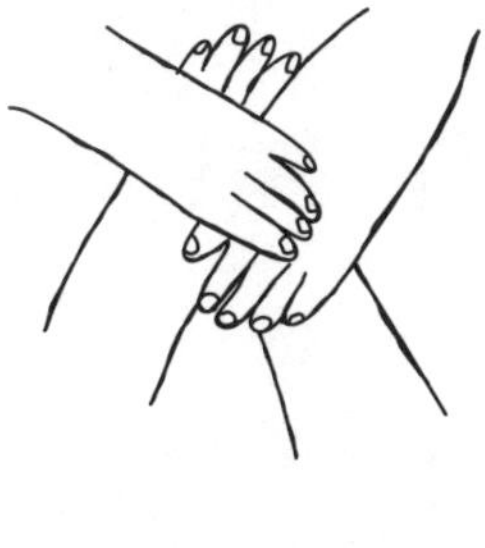

Principis

O líder inteligente aprende com seus erros; o líder sábio aprende com os erros dos outros.

O líder inteligente não tem uma boa gestão emocional: precisa quebrar a cara para aprender lições de vida, destruir suas finanças para perceber quão difícil é se divorciar da matemática financeira, falir seu relacionamento para entender as diferenças entre o essencial e o trivial.

Já o líder sábio, por ser um excelente observador e ter notável capacidade de aprender, assimila as crises dos outros, os conflitos de seus amigos, a trajetória turbulenta dos grandes homens da história, a derrocada das empresas que foram à bancarrota e as ferramentas dos empreendedores que se reinventaram e das empresas que se tornaram sustentáveis; o líder sábio economiza energia, tempo e etapas ao incorporar as experiências dos outros – e não tem vergonha de ser flexível, aberto a sugestões.

É importante ter algumas doses de solidão social, se afastar da agitação social e se recolher dentro de si em certos momentos, para se relacionar consigo mais intimamente.

Interiorizar-se, refletir sobre sua história, reciclar o ciúme, a inveja e as mágoas e se reconciliar com seus sonhos é fundamental para libertar seu imaginário e se reinventar. Muitos pensadores, escultores, artistas plásticos, filósofos e religiosos têm necessidade vital da solidão criativa. Sem ela, os ruídos da rotina entorpecem a mente e castram a produção de conhecimento.

A solidão criativa não é ausência absoluta da interação social, mas a presença do ser diante de si.

Se você não gosta de ficar sozinho de vez em quando, provavelmente não tem um relacionamento saudável e íntimo consigo mesmo, o que o deixa em desvantagem para ser imaginativo. Nesse momento, vivemos um caso de amor conosco, o Eu está investindo em si mesmo, libertando-se, saldando seu débito com a interiorização, numa sociedade altamente exteriorizante e consumista.

Muitos chafurdam na lama da mesmice porque não sabem mergulhar dentro de si. Muitos não fazem essa viagem porque têm medo de encontrar seus fantasmas mentais. Nesse caso, a ignorância é altamente punitiva.

Por que existem milhões de espécies na natureza? Bastavam milhares. Por que o autor da existência é tão abundante no processo criativo?

Talvez porque criar não seja uma opção intelectual de Deus. Criar faz parte da sua natureza, é seu destino inevitável. A sua solidão exuberante e sua serena e inextinguível ansiedade vital fazem a criatividade unir-se espontaneamente à sua mente complexa. O Pai da enigmática oração ensinada por Jesus não é amordaçado pelo cárcere da rotina. De eternidade a eternidade, viveu uma explosão criativa, no bom sentido da palavra. Tudo nele parece se renovar, rejuvenescer, recrescer.

Viver em sociedade não é uma questão de sobrevivência física, mas psíquica.

Um dia o processo criativo pode acabar? A solidão humana poderá ser extinta? A solidão de Deus poderá desaparecer do cerne da sua psique? Não creio. A solidão é psiquicamente incurável, sem solução definitiva. Felizmente, ela não pode ser resolvida, o que nos faz procurar inúmeros relacionamentos. Ela é retroalimentada pela consciência existencial, nos renovando num processo contínuo e inextinguível de buscas. Penso que a solidão, tanto a humana quanto a de Deus, sempre nos fará procurar por nós mesmos e pelos outros. A criatividade nunca será extinta. Nunca seremos autossuficientes e abastados.

Jamais viveremos na clausura, no drama do isolamento.

A não ser que desenvolvamos uma depressão catatônica; nesse caso, embotaremos nossos pensamentos e emoções.

Se tiver a necessidade de ser perfeito, de se defender compulsivamente e estar sempre certo, se recicle, pois isso destrói relacionamentos. Você poderá ganhar o debate, mas perderá quem ama.

O código da autocrítica nos faz construir estratégias para decifrarmos o código do amor e da admiração.

Quem quer decifrá-lo deve aplicar estas ferramentas:

- Elogie sempre antes de criticar e apontar um erro; primeiro conquiste o território da emoção, depois o da razão.
- Tenha reações generosas e surpreendentes.
- Fale menos e aja mais; economize argumentos.
- Humanize-se, revele capítulos de sua vida, conte suas lágrimas, seus dias mais difíceis, suas aventuras.
- Descubra quem você ama, interesse-se pelos seus interesses, pergunte sobre as dificuldades, mostre preocupação com ele ou ela.

Dialogar e expor o próprio ser para quem se ama é transferir para o outro o capital das experiências.

Dialogar não é conversar.

Conversar é falar sobre o trivial, dialogar é falar sobre o essencial.

Conversar é falar sobre o mundo em que estamos, dialogar é falar sobre o mundo que somos. Conversar é discorrer sobre o que está na superfície do planeta Terra, como economia, esportes e ciências, enquanto dialogar é discorrer sobre as camadas mais profundas do planeta Mente.

Qualquer casal superficial sabe conversar, mas só os casais que se amam com profundidade e sustentabilidade sabem dialogar.

Você conhece a pessoa que escolheu para dividir a sua história?

Depois de instaladas a crítica compulsiva e a necessidade ansiosa de mudar o outro, ocorre sério risco de falência emocional e relacional. Você tem vivido essa falência?

Não são poucos aqueles que dão as costas à tranquilidade por mais uma dose de atrito. São especialistas em brigar, discutir, punir, apontar falhas. São escravos produzindo escravos. Muitos casais têm uma emoção doentiamente flutuante. Num momento, são serenos; noutro, são intensamente ansiosos.

Quem você abandonou? Quem você precisa positivamente surpreender? Não se esqueça de que a melhor maneira de surpreender alguém é economizar nas palavras e ser abundante nas atitudes.

A paixão controla, o amor inteligente liberta.

A paixão arde em ciúmes, o amor inteligente promove quem ama. A paixão nutre a ansiedade, o amor inteligente nutre a saúde psíquica, amplia os horizontes intelectuais, liberta o imaginário, promove a arte de se interiorizar, refina a capacidade de observar.

O amor inteligente protege a emoção.

Nada tira tanto o ser humano do controle como a paixão.

E nada irriga tanto a saúde emocional como aprender a amar com amor inteligente.

Com que tipo de amor você ama?

Quem ama com amor inteligente constrói janelas *light* na memória.

São janelas positivas que arquivam boas experiências, realçam o princípio do prazer, estruturam a autoestima, cristalizam a relação de cada um consigo mesmo e com os outros, nos solos conscientes e inconscientes da memória.

Os que são destituídos de amor inteligente perdoam pouco, mas julgam muito; são frágeis para abraçar, mas fortes para excluir; são lentos em se doar, mas velozes em dar as costas. São, portanto, ótimos para conviver com máquinas, mas péssimos para se relacionar com seres humanos.

Quem tem ciúme é um diretor muito criativo,
um especialista em filmes de terror.

Todos os seres humanos, dos religiosos aos ateus, dos lúcidos aos imaturos, dos tímidos aos sociáveis, têm fome e sede de se relacionar, mesmo quando se isolam. Todos são ficcionistas. Criam personagens nos sonhos, no estado de vigília. Nenhum diretor de Hollywood é tão criativo como os copilotos que estão em nosso inconsciente.

Ciúme faz parte do cardápio diário de milhões de pessoas de todas as classes sociais, culturas, religiões, raças, idades, e pode aparecer entre casais, irmãos, amigos, profissionais, adultos, crianças. Quem diz que não tem uma das formas desse vírus na sua circulação mental ou não se conhece ou não sabe se entregar e partir em busca de suas conquistas.

O relacionamento superficial no Facebook, no Instagram e em outras redes sociais não prepara as defesas emocionais para o relacionamento mais profundo, regado a cumplicidade e troca.

Quando duas pessoas acostumadas a esse tipo de relacionamento superficial começam a se relacionar com maior densidade, elas têm mais chances de perder o solo para caminhar, pois são menos capazes de compartilhar lágrimas e conflitos, de respeitar limites, de promover os sonhos e a liberdade do seu parceiro. Fragilizadas com essa nova experiência, vivem sob ataques do medo da perda, que afiam as garras do ciúme. Nenhuma pessoa ciumenta é livre. Ela pode ser maravilhosa, culta, inteligente, mas não é livre.

Ser individualmente inteligente não quer dizer construir uma relação inteligente e saudável.

Pessoas cultas podem construir uma relação irracional, falida emocionalmente, saturada de atritos, destituída de sensibilidade e troca. Casais saudáveis se amam com um amor inteligente e não apenas com a emoção. Quem apenas usa o instrumento da emoção para sustentar o relacionamento corre o risco de ver seus sentimentos flutuando entre o deserto e as geleiras. Num momento, a pessoa vive as labaredas da paixão, noutro vive os glaciares dos atritos. Num período trocam juras de amor, noutro trocam golpes de ciúmes. Hoje são dóceis como os anjos, amanhã são implacáveis como carrascos.

Graças às redes sociais, o vampiro do ciúme ganhou novas presas, sangrando os amantes que controlam os passos um do outro.

"Onde você está?" "O que está fazendo?" "Por que não curtiu minhas postagens?" Na era da comunicação digital, o fantasma do ciúme voltou com força total.

Quando duas pessoas acostumadas com relações superficiais começam a se relacionar com maior densidade, têm mais chances de perder o chão, pois são menos capazes de compartilhar lágrimas e conflitos, de respeitar limites, de promover os sonhos e a liberdade do parceiro. Fragilizadas com a nova experiência, vivem sob ataques do medo da perda, que afiam as garras do ciúme.

Tente controlar quem você ama, e os dois adoecerão. O amor nasce e se desenvolve no terreno da liberdade.

Na matemática da emoção, dividir é aumentar.

Quem não sabe dividir suas lágrimas e suas perdas, não irrigará o amor inteligente. O ciúme é egoísta, não sabe dividir; o amor inteligente compartilha, vive a matemática da emoção. O ciúme é egocêntrico, quer que o outro viva na sua órbita; o amor inteligente aplaude as próprias órbitas.

Quem não aprender as regras ilógicas da matemática da emoção, não saberá trabalhar em equipe, não reconhecerá nem promoverá as conquistas dos colegas, evitará se relacionar com quem se sobressair. O ciúme profissional é terrível. Quem tem necessidade de excesso de atenção é profundamente carente, raramente se alegra com o sucesso dos outros.

Para ser sustentável, uma relação precisa do amor inteligente.

Quem amar apenas com emoção terá um amor circunstancial, intolerante às frustrações, rapidamente esgotável. É necessário amar com doses de inteligência.

No começo da relação, quando as labaredas do amor estão altas, enfrentam-se com maior disposição as tempestades emocionais; todavia, quando as chamas diminuem, os atritos gritam mais alto, as acusações alçam voo, as críticas se sobressaem à tolerância, asfixiando pouco a pouco o amor.

Quando se ama com doses generosas de inteligência, com gestão da emoção, o paradigma muda: o amor é infinito enquanto se cultiva.

Nenhum ciúme é saudável, principalmente se implica controlar o outro.

Querer a presença do outro é saudável, mas exigi-la é nocivo; procurar fazer coisas juntos tempera a relação, mas não se alegrar sem a presença do outro é doentio. Amar a presença do parceiro é riquíssimo, mas reclamar atenção exclusiva é aprisionador.

O ciúme aceitável não arde em cobranças; o ciúme fatal asfixia quem ama. O ciúme aceitável é tolerante, permite que se dê risada de seus exageros; o ciúme doentio leva a vida a ferro e fogo, é radical. O ciúme aceitável não bloqueia os sonhos; o ciúme fatal tem medo de o outro crescer.

Diferentemente do ciúme, o amor saudável pede atenção, mas não controla; solicita carinho, mas não sufoca; dá mil abraços, mas não prende; torce para ser notado, mas o faz no silêncio, não cobrando.

Relacione-se com outra pessoa não para ser feliz, mas para ser mais feliz.

Uma pessoa mal resolvida não resolverá sua infelicidade relacionando-se com alguém. Depositar a esperança de ser feliz exclusivamente no outro é acreditar num delírio. Quem não aprende a namorar a própria vida, a relaxar, se cobrar menos, sonhar, ser eternamente jovem e fazer da vida um show não terá um namoro ou um casamento espetacular. Poderá transformá-lo num deserto, ainda que nos primeiros meses viva num oásis.

Dependência doentia é um suicídio emocional.

O amor sustentável requer autonomia. Depender do humor, da atenção, do ânimo, do retorno do outro para ser feliz é construir uma relação catastrófica.

O amor inteligente é dificílimo de ser explicado, pois é fundamentado numa independência agradavelmente dependente, numa cumplicidade que completa o casal.

O amor saudável pede atenção, mas não controla; solicita carinho, mas não sufoca; dá mil abraços, mas não prende; torce para ser notado, mas o faz no silêncio, não cobrando.

O amor é uma planta delicada, que exige nutrientes e água todos os dias. Indivíduos que manifestam um amor inteligente procuram irrigar o parceiro, têm prazer em dar seu melhor a quem amam. E seu melhor são eles mesmos.

Muitos são tão egoístas que sua presença emocional parece caríssima para estar disponível.

Quando essa indiferença ocorre na relação com filhos, temos os órfãos de pais vivos, um crime educacional.

O amor nasce e se desenvolve no prazer de se doar, dividir e compartilhar. O amor é um intercâmbio de experiências, nunca uma via de mão única. No relacionamento de amor inteligente, ambos se doam, ambos se procuram e correm para o mesmo alvo.

Você conhece casais que vivem se digladiando, querendo impor suas ideias, e que um tem grande dificuldade de torcer e aplaudir o outro?

Querem ganhar as discussões e não o coração um do outro. Querem vencer as disputas sobre como resolver os problemas conjugais e as questões financeiras, sobre como educar os filhos.

Seu romance está doente.

Existem casais que mais parecem partidos políticos.

Muitos casais se tornam competidores vorazes, agindo como adversários. Na minha percepção, mais de 90% dos casais se tornam pouco a pouco partidos políticos, muitos da pior espécie, pelo menos em alguma parte do seu dia. Observe os casais que o rodeiam. Observe o relacionamento deles.

Se o pensamento estiver enviesado, contaminado e distorcido pelas memórias, a emoção também estará.

E o pensamento sempre está contaminado. A cada momento que você se relaciona com seu parceiro, suas reações iniciais de admiração, apoio, sensibilidade, rejeição, exclusão ou atrito são patrocinadas não por sua decisão consciente, mas pelo gatilho da memória e das janelas da memória.

Não é possível pensar sem distorcer a construção dos pensamentos.

Você é pobre ou rico?
Reclama muito de quem ama
ou procura ser um garimpeiro de ouro?

Explorar o tesouro sob as pedras de quem está ao nosso lado nos faz nobres, não explorá-lo nos faz pobres.

Casais doentes diagnosticam os comportamentos difíceis um do outro, não têm ousadia, são peritos em reclamar e atacar, não em garimpar.

Depois não entendem por que o relacionamento entra em falência.

Quem não tem autocontrole na frente dos outros, leva os romances à falência.

Um dos atributos de uma mulher inteligente não é apoiar quem acertou ou aplaudir quem brilhou, mas dar o ombro para quem falhou.

Em uma relação, nada é tão grave quanto perder a admiração pelo outro, e nada é mais perturbador do que ofendê-lo diante dos outros. A mulher inteligente e saudável sempre corrige o parceiro em particular e elogia em público – nunca o contrário.

Vale o mesmo para os filhos e alunos, amigos e colegas de trabalho: corrija sempre em particular e elogie diante dos outros.

Caso contrário, acabará gerando desentendimentos nas relações, às vezes irreparáveis.

Se você quiser viver com seres que preencham todas as suas expectativas e jamais lhe deem dor de cabeça, é melhor conviver com máquinas do que com seres humanos.

É impossível não termos algumas áreas de confronto nos relacionamentos. Para evitar conflitos e beber nas fontes excelentes da tranquilidade, não adianta se ilhar. Somos mundos completamente diferentes vivendo num mesmo espaço.

Ame, entregue-se sem medo de se decepcionar e chorar. Aprenda a se interiorizar, explorar camadas mais profundas da sua própria mente e se reciclar.

Não basta estar junto com a pessoa amada, dar beijos hollywoodianos e pensar: "Viveremos felizes para sempre". Débil ilusão.

Para o relacionamento prosperar, os casais devem beber das fontes que nutrem as relações saudáveis, como o poder do elogio, a arte de surpreender, de dialogar, de autodialogar, de proteger a emoção.

É preciso evitar os erros capitais das relações doentes, como a ditadura do ciúme, do controle, da crítica excessiva, da necessidade neurótica de mudar o outro.

Um amante se torna admirável não quando dá o mundo de fora para quem ama, mas quando dá seu próprio mundo.

Ninguém é digno de um belo romance se não usar suas lágrimas para irrigá-lo. Ninguém é digno de escrever uma bela história de amor se não aprender a reconhecer os próprios erros e não usá-los para escrevê-la.

Casais iniciantes, casais antigos e casais que decidem recomeçar devem ter ousadia e sensibilidade para perguntar um para o outro: "Onde eu errei com você e não percebi?", "Quais são seus sonhos?", "O que posso fazer para torná-lo mais feliz?", "Como posso investir no que você ama?".

O ser humano detesta a solidão plena, do mesmo modo que o ofegante detesta a ausência de oxigênio.

Por mais frustrante que tenha sido um relacionamento, o ser humano se arriscará a ter uma nova relação. Por mais que alguém tenha sido traído, ferido, injustiçado, cedo ou tarde a solidão da consciência virtual vai asfixiar o território da emoção e levá-lo a procurar alguém.

A solidão branda é um convite ao processo de interiorização, reflexão, libertação do imaginário e criação. Muitos não são criativos não por serem incapazes de ousar, inferir e produzir novas ideias, mas por não conseguirem conviver com o mínimo estado de solidão. Odeiam o tédio.

Se você não souber usar o silêncio proporcionado pela solidão branda, terá dificuldade de ter um encontro consigo mesmo e ser criativo. Raramente as pessoas têm um tempo especial para si; a mínima solidão as estimula a se conectar com a internet, usar algum aplicativo, mexer no celular, ligar a TV.

O ciúme excessivo é característica de uma personalidade doentia.

Quem tem ciúme demasiado fragiliza o Eu, bloqueia sua capacidade de gerir a emoção e de ser líder de si mesmo.

Há pessoas que têm um ciúme doentio de seus animais, relógios, joias, carros. Perdê-los é perder uma parte de si, é um convite a se deprimir.

O ciúme brando indica o desejo suportável de posse, proteção, cuidado do objeto. Tal ciúme é aceitável e, em alguns casos, saudável. Só a espécie humana tem um ciúme consciente, que difere do ciúme instintivo-possessivo da fêmea que protege sua cria.

O ciúme consciente é construído nos bastidores da psique, a partir da solidão da consciência virtual. Como estamos próximos, mas infinitamente distantes do objeto pensado, temos o desejo de nos aproximar dele, de possuí-lo. Essa procura irrefreável nos faz ter um afeto pelo objeto que se expressa como medo da perda.

No início da relação, muitos casais enfrentam tudo para ficar juntos; parece que nada detém as labaredas do amor.

Enfrentam tempestades, frio, crises financeiras, mau humor dos parentes, diferenças de personalidade. Com o passar do tempo, porém, esses amantes vão se psicoadaptando um ao outro. Já não brincam mais, já não são tolerantes, flexíveis, criativos. Engessam suas mentes, não têm a mesma disposição de enfrentar os invernos da vida para dar um beijo, para trocar um olhar e sentir o calor do corpo um do outro.

Um casal pode ter cinco anos de relacionamento,
mas cem anos de idade afetiva.

Muitos casais que vão a restaurantes, cinemas, festas estão num asilo emocional. Escravos da rotina, só se motivam quando têm algo novo para fazer. Tornaram-se idosos emocionalmente. Envelheceram precocemente o amor.

Algumas pessoas são viciadas em encontrar um novo amor.

Viciados em novos amores vivem notáveis emoções sem pensar com racionalidade. Entram num processo vicioso, casam-se e se divorciam, juntam-se e rompem.

Todos têm a liberdade de viver com quem amam, mas a troca constante de relacionamentos pode indicar que a falha não está na intensidade do amor, mas na personalidade imatura de quem ama.

Um relacionamento pode começar com um amor brando, mas, irrigado, ganhará musculatura.

Um relacionamento pode se iniciar com um amor louco, borbulhante, apaixonante, mas, se não for cultivado com sorrisos e bom humor, vai se desgastar e empobrecer. A musculatura do amor depende de carisma, empatia, superação da necessidade neurótica de mudar o outro, mas é indubitável que a simpatia gera um tempero prazeroso para os mais finos romances.

O vinho do amor azeda com mau humor;
com intolerância a frustrações, torna-se vinagre.

Gestos simples e diários fazem diferença para o paladar emocional.

Um relacionamento começa a entrar em falência quando o casal não mais impacta saudavelmente um ao outro. As palavras e os gestos não mais influenciam, a não ser com grande esforço. Se a presença do outro perde relevância, se ganha ares de banalidade ou indiferença, o romance está em rota de decadência.

Se você para de aprender e para de ensinar o que aprendeu, perde a capacidade de se reinventar, de se reciclar e se doar.

Só somos felizes e saudáveis quando saímos das raias do individualismo e egocentrismo e investimos na qualidade de vida e bem-estar socioemocional do outro.

A vida terá pouco sabor, a existência terá pouco sentido, a mente deixará de ser criativa, a emoção deixará de ser contemplativa, o trabalho não será inspirador.
Os relacionamentos deixam de ser uma fonte de aventura, convertem-se numa fonte de estresse e de tédio.

Qualificar as relações, aguçar a capacidade de resposta, irrigar a qualidade de vida, desenvolver uma mente livre e emocionalmente saudável não ocorre ao acaso nem é um dom genético – depende da postura do Eu como eterno aprendiz.

Sem o combustível do diálogo é impossível movimentar e incrementar o relacionamento.

Ninguém sai do lugar se o tanque de seu veículo estiver sem combustível.

Construa o hábito do diálogo; assim, você não apenas prevenirá o ciúme como também fará um *upgrade* em como as pessoas o enxergam. A arte de dialogar refresca a relação, rejuvenesce a emoção.

Sem respeito e admiração, poderá haver temor, mas não amor.

Muitas famílias, nos primeiros minutos em que seus membros estão unidos, parecem extremamente afetivas; meia hora depois começa o inferno dos atritos. São especialistas em atirar pedras, não em proteger uns aos outros.

As relações saudáveis suprem nossas necessidades de afeto, de inclusão, de amar e ser amado, de pertencimento.

Viver é relacionar-se, por isso, quanto mais habilidades desenvolvemos para lidar com as pessoas, mais felizes somos.

Relacionar-se é uma das melhores coisas da vida; está correlacionado a compartilhar. É descobrir e aprender a respeitar a individualidade do outro. É conquistar o território psíquico do outro e permitir que o outro descubra, conheça e conquiste você.

Construímos relações para diminuir o abismo entre nós e as outras pessoas.

É preciso ter cumplicidade.

O grande segredo é como construir relações saudáveis que nos libertem, não que nos aprisionem.

Para promover relações saudáveis é preciso, antes de tudo, entender que ninguém dá o que não tem.

Temos destruído o melhor de nossas relações porque cobramos dos outros aquilo que não podem dar e não sabemos elogiar o que nos oferecem de melhor. Exigimos perfeição. Mas, ao contrário, devemos oferecer o que há de melhor em nós mesmos, aprendendo também a reconhecer o que há de melhor no outro.

Ser individualmente inteligente não quer dizer construir uma relação inteligente e saudável.

Quem usa a emoção apenas para sustentar um relacionamento, corre o risco de ver seus sentimentos flutuando entre o deserto e as geleiras.

Num momento, a pessoa vive as labaredas da paixão; noutro, vive os glaciares dos atritos. Num período, troca juras de amor; noutro, troca golpes de ciúme.

Hoje é dócil como os anjos, amanhã é implacável como carrascos.

Que tipo de relação você tem: saudável ou doente, inteligente ou desinteligente?

A relação desinteligente é intensamente instável, enquanto a relação saudável, ainda que golpeada por focos de ansiedade, tem estabilidade. A relação desinteligente é saturada de tédio, enquanto a saudável tem uma aura de aventura. Na relação desinteligente, um é perito em reclamar do outro, enquanto na relação saudável um se curva em agradecimento ao outro. Na relação desinteligente, os atores são individualistas, pensam somente em si, enquanto na saudável são especialistas em procurar fazer o outro feliz. Na relação doente se cobra muito e se apoia pouco; na saudável, se doa muito e se cobra pouco.

A consciência virtual libertou o psiquismo
humano para ter virtualmente as pessoas,
se relacionar, conversar, recordar decepções e alegrias.

Se você fizer uma viagem e se afastar dos seus filhos e amigos, poderá recordar-se deles em seu psiquismo, lembrar-se de fatos e circunstâncias que viveram juntos. Se o pensamento tivesse a necessidade vital de incorporar a realidade do objeto no ato de pensar, não seria possível imaginá-los, porque seria preciso tê-los substancialmente na mente.

Se não houvesse essa liberdade criativa e essa plasticidade construtiva na esfera da virtualidade, não nos recordaríamos das pessoas que amamos, não sentiríamos saudade quando elas partissem, não viveríamos o aperto da solidão nem choraríamos. Lágrimas, sentimento de perda, mágoa, raiva, alegria, amor ocorrem porque há fascinantes diretores de cinema no estúdio de nossas mentes: o Eu como diretor principal e o fenômeno do Autofluxo como diretor coadjuvante.

Não há relacionamentos perfeitos, a não ser que os envolvidos estejam separados ou morando em continentes diferentes.

Se duas pessoas moram sob um mesmo teto é impossível não terem áreas de atrito. Em alguns momentos, duas personalidades, dois mundos vivendo na mesma órbita se chocarão, ainda que suavemente. Não há almas gêmeas puras, a não ser na ficção.

Pessoas inteligentes devem entender que suas crises e dificuldades, se bem trabalhadas, em vez de destruir a relação, podem temperá-la e enriquecê-la, mas, se mal trabalhadas, poderão produzir um sabor intolerável. Para algumas pessoas, atritos e ciúme esfacelam a motivação, mas as pessoas inteligentes criam novas oportunidades diante desses problemas, inclusive para se reciclar.

Quem tem medo da perda, já perdeu. Perdeu a autoconfiança, a autoestima, a dimensão de sua imagem. Perdeu também a habilidade do Eu em ser gestor de sua mente.

Um dos erros capitais de uma relação doente é o medo excessivo da perda. Uma pessoa inteligente se entrega sem medo, mas não destrói sua identidade em função do outro. Doa-se muito, mas não respira o ar do outro. É afetiva e generosa, mas jamais deixa de ter órbita própria.

O medo da perda esmaga a autoestima de uma mulher ou de um homem. Quem tem medo da perda apequena seu mundo social. Os amigos diminuem, os projetos se contraem, as relações sociais ficam escassas, a alegria evapora. A pessoa gira em torno do outro.

Não aceitar a perda é a pior maneira para perder.

Uma pessoa inteligente nunca pressiona o outro para ficar. Tem dignidade na separação. Pode sofrer, mas não faz chantagens. O outro pode abandoná-la, mas ela jamais se abandona. Não implora para ele ficar. Ela é capaz de dizer para si constantemente: "Os melhores dias estão por vir".

Quando um casal se separa, ambos deveriam ter tanta dignidade no processo de separação como tiveram na união.

Muitas pessoas são peritas em usar chantagens em seus relacionamentos.

Os chantagistas usam frases como: "Como você tem coragem de fazer isso comigo?", "Eu não mereço isso", "Depois de tudo o que fiz por você é assim que você me trata?", "Se você me amasse, faria isso por mim", "Se você fizer isso, eu faço aquilo", "Se você não mudar, eu não farei isso".

Os casais devem ser parceiros no prazer, bem-estar, sonhos um do outro. Devem lutar pela felicidade de quem está ao seu lado, construir um diálogo inteligente para corrigir rotas e promover o ânimo. Chantagens e pressões esmagam essa possibilidade, retiram a suavidade da relação, asfixiam a confiabilidade.

Ter que chantagear para sentir-se amado é sentir
uma enorme insegurança quanto ao amor do outro,
e também quanto ao amor-próprio.

Os pais devem participar ativamente da vida e da educação de seus filhos, construindo laços afetivos saudáveis. Quando usam de chantagem para obter o que querem dos filhos, asfixiam sua mente e encarceram sua emoção.

Nunca exija o que os outros não podem dar.

Existem muitos relacionamentos em que as pessoas se tornam *experts* em criticar. Passam boa parte do tempo tentando sem sucesso mudar-se mutuamente. Há famílias que montam um departamento de cobrança em casa. São especialistas não em se amar, mas em cobrar. Porém, a vida fica mais dócil quando abandonamos a necessidade neurótica de querer mudar os outros, de exigir o que eles não podem dar.

Quem é autor da sua história não cobra excessivamente, não constrange seus pares, não controla quem ama. Cobranças excessivas passam pela utilização de ferramentas erradas, como aumento do tom de voz, sermões, chantagens, punições, comparações e excesso de críticas.

A Arte de Ouvir refresca a relação e a Arte de Dialogar nutre o amor.

Quem deseja cultivar o amor precisa ter coragem para fazer pelo menos quatro importantes perguntas, durante toda a vida, à pessoa que ama: Quando eu a(o) decepcionei? Que comportamentos meus a(o) aborrecem? O que eu devo fazer para torná-la(lo) mais feliz? Como posso ser um(a) amigo(a) melhor?

Você tem feito com frequência estas perguntas? Muitos nunca as fizeram.

Esses consertam as trincas da parede, mas não as trincas do relacionamento; estancam a água da torneira que vaza, mas não o vazamento da amizade e da afetividade.

Para dialogar é necessário não ter medo de reconhecer as próprias falhas nem ter vergonha de si mesmo. Para ouvir é necessário não ter medo do que o outro vai falar.
É preciso cumplicidade. Uma das coisas mais relaxantes de uma relação é ter a convicção de que não somos perfeitos, é saber que precisamos um do outro.

Os fracos impõem suas verdades, os fortes as submetem ao debate.

Ter a necessidade de ser perfeito, de se defender compulsivamente e de estar sempre certo é muito perigoso, pois pode destruir relacionamentos. A pessoa pode ganhar o debate, mas perderá quem ama.

Se entramos em uma discussão para provar quem está certo ou errado, ou com o objetivo único e exclusivo de ganhar, é difícil estabelecer empatia e ser assertivo para conquistar o que queremos, porque estamos estabelecendo uma disputa. O outro abrirá janelas de defesa. É preciso, desde o início, conectar-se com o outro como pessoa, colocando-se em seu lugar e buscando comunicar as ideias de forma assertiva.

Devemos ser gratos pelos relacionamentos, assim como à vida.

Cada relacionamento que temos no percurso de nossa existência carrega um pedaço de nossa história e é uma das milhões de peças do quebra-cabeça de nossa vida. Seja uma pessoa que teve uma breve participação no teatro de sua existência, ou alguém que esteja sempre presente, todos têm influência no que você foi e no que você é.

Lembre-se de que ser grato é diferente de ser agradecido. O agradecido é aquele que agradece por um bem momentâneo. Em contrapartida, o grato exerce gratidão, mesmo que a pessoa venha a decepcioná-lo.

O Eu como construtor das relações saudáveis.

Cada um de nós deveria ser um engenheiro socioemocional que constrói relações saudáveis, capaz de fazer a diferença no ambiente em que vive, em destaque na vida de quem escolheu para dividir a sua história. Um excelente engenheiro socioemocional tem três níveis: agradável, admirável e encantador. Para ser agradável tem de ser simpático, para ser admirável tem de ser carismático e para ser encantador tem de ir para o terceiro estágio, ser empático.

Quem tem essas três ferramentas de ouro no cardápio da sua personalidade, não mexe apenas com o ambiente social, mas também revoluciona a relação conjugal e a relação com os filhos, alunos, colegas de trabalho.

Essas técnicas ou ferramentas, se praticadas diariamente, podem reinventar as relações com as pessoas mais caras, mesmo que sejam mentes aparentemente difíceis.
Se faltarem esses instrumentos, dificilmente o amor será penetrante e estável.

O poder do elogio.

De todas as leis fundamentais das relações saudáveis, o elogio é a mais acessível e a mais fácil de praticar, embora poucos seres humanos a pratiquem.

O poder do elogio pode ser mais forte que o das armas, mais poderoso que o dinheiro, mais penetrante que a lâmina de um bisturi. Os elogios desfizeram inimigos, debelaram ódios, evitaram suicídios, reataram relações.

Uma pessoa inteligente deve economizar críticas, mas jamais deveria economizar elogios.

Precisamos primeiramente aprender a contemplar o belo em nós!

Quem não se relaciona bem consigo, não se relacionará bem com pessoas com quem convive. Quem cobra demasiadamente de si, cobrará de forma injusta o outro. Quem não dá risadas de vez em quando da própria estupidez e incoerência, não será relaxado na relação com quem ama, será rígido, mentalmente engessado. Quem não tem um romance com sua saúde emocional, não investirá na felicidade e qualidade de vida de quem escolheu para dividir sua história. Quem é um perito em reclamar, não conseguirá contemplar o belo nem fará da relação um espetáculo de prazer.

Uma pessoa com a autoimagem e a autoestima fragmentadas não apenas deprime sua emoção, mas deprime também suas relações.

Como está a relação do seu Eu consigo mesmo? É o sistema que dita o que você pensa ou é o seu Eu que está no comando da sua mente e, por estar no controle, tem plena convicção de que a beleza está nos olhos de quem a vê?

O cofre da mente dos homens se abre diante de uma mulher segura e autoconfiante, mas se fecha diante de uma mulher especialista em reclamar, se autopunir e se inferiorizar. E vice-versa.

A arte de investir em sonhos – Torcer pelo outro!

Investir nos sonhos de quem amamos é fundamental nas relações saudáveis. O poder do elogio e o investimento em sonhos aumentam intensamente nosso saldo emocional. Devemos ter coragem para analisar nossa conta.

Muitas vezes pensamos que ela está positiva, mas, na realidade, está negativa. Como está seu saldo?

Investir nos sonhos daqueles que nos rodeiam é essencial.

Se você nunca perguntou quais são os sonhos mais profundos das pessoas que ama, provavelmente nunca entrou nos espaços secretos de sua personalidade.

Pessoas inteligentes amam com atitudes e não apenas com palavras.

Devemos aplicar em nossas relações pelo menos esses seis comportamentos ao longo da vida: Quando eu decepcionei você e não soube? O que eu devo fazer para tornar você mais feliz? Como posso irrigar mais os seus sonhos? Como posso contribuir com sua autoimagem e sua autoestima? Desculpe-me, eu falhei. Obrigado por você existir e participar da minha história.

Como referência para esta obra, foram usados os seguintes livros – todos escritos por Augusto Cury:

As poderosas ferramentas de gestão da emoção para relações saudáveis

365 dias de inteligência

365 dias da mulher emocionalmente saudável

As regras de ouro dos casais saudáveis